EXTRAIT

DE

L'INSTRUCTION

SUR LA MANIÈRE

D'INVENTORIER et de conserver, dans toute l'étendue de la République, tous les Objets qui peuvent servir aux Arts, aux Sciences, et à l'Enseignement; proposée par la Commission temporaire des Arts, et adoptée par le Comité d'Instruction publique de la Convention Nationale.

A BRUXELLES,

DE L'IMPRIMERIE DE TUTOT.

L'an 3e. de la République Française.

EXTRAIT
DE
L'INSTRUCTION
SUR LA MANIÈRE

D'*INVENTORIER et de conserver, dans toute l'étendue de la République, tous les Objets qui peuvent servir aux Arts, aux Sciences, et à l'Enseignement ; proposée par la Commission temporaire des Arts, et adoptée par le Comité d'Instruction publique de la Convention Nationale.*

SECTION IX.
DÉPÔTS LITTÉRAIRES.

LES recueils de Livres font, de toutes les richesses littéraires, celles qu'on trouve par-tout avec le plus d'abondance. Toutes ces Bibliothèques, que le luxe des Riches & l'orgueil des Prêtres avoient établies à grands fraix, conquises par la Révolution, & réunies maintenant aux Domaines nationaux, feront inventoriées avec foin. Les intentions de la Convention Nationale font que des personnes versées dans l'histoire de toutes les parties des Arts, des Sciences & des Lettres, en fassent ensuite le triage, & les distribuent de la manière la plus utile à l'enseignement.

Ceux-là qui auront à leur disposition le précieux dépôt de toutes les pensées des hommes, ne prononceront, sans doute, qu'après avoir réfléchi long-tems sur le fort de cette immense collection d'Ecrits. Malheureusement il en est peu où la vérité brille dans tout son jour, & il en est trop où l'on ne voit que des mensonges. Mais pour bien connoître la vérité, & pour s'en assurer la jouissance, n'importe-t-il pas aussi de savoir quelles sont les sources de l'erreur, sous quelle forme elle aime à se montrer, quels procédés elle choisit, quelles routes elle préfere, & quelles sont celles de ses ruses qui ont le mieux réussi, & dont les effets ont duré le plus long-tems ? Sous ce point de vue, il est utile de noter les Ouvrages où les fauteurs des préjugés les plus désastreux ont réuni leurs moyens, & consigné leur méthode ; de les déjouer à jamais, en dévoilant leurs complots, & de leur porter le dernier coup avec les armes de la Raison, dont il est enfin permis à chacun de se servir.

Les Commissaires chargés d'inventorier les Bibliothèques, y procéderont de la manière suivante : (*)

Avant tout, il faudra qu'ils se procurent une quantité de cartes à jouer suffisante pour y écrire tous les titres des Livres, & pour faire des fichets ; ces fichets, dont l'usage sera expliqué plus bas, se font en coupant une carte dans sa longueur, en deux ou trois parties.

Il ne faut point que les personnes qui seront introduites dans une Bibliothèque pour en faire le Catalogue, s'embarrassent de l'ordre ou de la confusion qui peut y régner ; elles sont sûres de bien opérer, si elles se conforment exactement à la méthode suivante :

Elles commenceront le travail par la première tablette, ou armoire à gauche, & elles finiront par la dernière, qui est à droite. Elles prendront un de ces morceaux ou bandes de cartes que nous avons appellés *Fichets*, & elles écriront au haut le numéro premier ; puis elles l'inséreront dans le premier volume de la première planche, de la première armoire ou rayon, de manière que ce numéro sorte tout entier & soit bien visible. Il faut avoir soin de replier sur la tranche du Livre cette partie saillante du fichet, pour empêcher qu'il ne se glisse dans l'intérieur du Livre, & qu'il ne s'y perde. Si ce volume

_____

(*). Cette méthode, rédigée par la Commission des Monumens, a été publiée en 1790 & en 1791. Comme il nous a paru qu'elle ne laisse rien à désirer pour ces sortes d'opérations, nous l'avons adoptée ; &, après y avoir fait quelques changemens, nous la publions de nouveau dans cette Instruction.

appartient à un Ouvrage qui soit en plusieurs tomes, on ne mettra un fichet qu'au premier seulement.

L'Ouvrage suivant recevra un second fichet, portant N°. 2 ; le troisième un 3e. fichet, portant N°. 3 ; & ainsi de suite jusqu'au dernier Livre de la Bibliothèque, dont le numéro pourra être 15,000, 20,000, ou 25,000, &c., si cette Bibliothèque contient ce nombre d'articles.

Quand tous les Ouvrages auront été ainsi garnis de fichets numérotés, on passera à la seconde opération, qui consiste à prendre, sur les cartes les titres de ces Livres. On répétera sur la première ligne de la carte le numéro du fichet de chaque Livre. Ainsi la première carte portera le chiffre 1, qui sera le numéro du fichet du premier Livre ; la seconde, le chiffre 2, numéro du second Livre ; la troisième, le chiffre 3, numéro du troisième Livre.

A la suite de ce numéro, écrit en caractères un peu gros, on transcrira exactement le titre du Livre ; ou, s'il est trop long, on en fera l'extrait avec le plus de précision & de clarté qu'il sera possible, observant d'y faire entrer & les mots qui caractérisent la matière, & les noms de l'Auteur, avec le nom du lieu où l'Ouvrage aura été imprimé, celui de l'Imprimeur ou Libraire, la date de l'année & le format du Livre ; c'est-à-dire, qu'on marquera si c'est un in-folio, *in-f°*. ; si c'est un in-quarto, *in-4°*. ; si c'est un in-octavo, *in-8°*. ; un *in-12* ; un *in-16*, &c. On observera scrupuleusement de tirer une ligne sous le nom de l'Auteur, ainsi qu'il sera expliqué plus bas.

Exemple.

Œuvres de *Bochart*, qui sont supposées être le 49e. Ouvrage de la Bibliothèque, & porter, par conséquent, le fichet 49. — Le titre de ce Livre doit être copié comme il suit : N°. 49. Bocharti (*Samuelis*) *Opera. Lugduni-Batavorum*, Boutesteyn, 1712, in-f°. 3 vol. — Ce titre apprend que ce sont les Œuvres de Bochart, de l'édition de Leyde, 1712, en trois volumes in-f°. (*Voyez* le modèle figuré à la pag. 9.)

Comme il est essentiel d'avoir, autant qu'il se peut, le nom de l'Auteur, il faut examiner si ce nom, lorsqu'il ne se rencontre pas au Frontispice du Livre, ne se trouve point à la fin de l'Epître dédicatoire, dans l'Approbation, ou même dans le Privilège.

Quand on n'aura aucun moyen de découvrir le nom de

l'Auteur, on copiera le titre ainsi qu'il a été indiqué plus haut, & on soulignera le mot qui spécifie plus particulièrement l'Ouvrage. Si c'est un Livre d'Architecture, on tracera une ligne sous ce mot. Si c'est un Livre sur le Patriotisme, le mot *Patriotisme* sera souligné. Si c'est un Ouvrage de Poésie, on soulignera le mot *Poésie*.

Exemple.

La Fleur de *Poésie* Françoise, contenant un Recueil joyeux de Huitains, Dixains, Quatrains, Chansons, & autres diverses Matières. — Paris, 1543, in-8°.

Au reste, que l'Ouvrage soit anonyme ou non, il faut toujours que la carte porte l'indication de la matière qui y est traitée; ce qui se fait en soulignant le mot du titre qui la désigne.

Si dans l'Ouvrage dont on tire le titre, il se trouve des estampes ou des cartes gravées, il faut ajouter ces trois lettres : *Fig.* Si les marges sont très-larges, ou plus larges qu'à l'ordinaire, on doit écrire : GR. PAP., pour indiquer que le Livre est en *grand papier.*

Exemple des deux derniers cas.

Les *Métamorphoses* d'Ovide, en latin & en françois, avec des Remarques & des Explications historiques, données par Antoine BANIER, & des figures gravées en taille-douce par Bernard PICARD, & autres habiles Maîtres. — Amsterdam, Wetsein, 1732, 2 tom. en 1 vol. in-f°. de grande forme. Edition magnifique & très-recherchée des curieux.

Si, de plus, on remarque sur les pages des lignes rouges ou noires, transversales & longitudinales, & y formant comme un cadre, il est à propos d'ajouter ces mots abrégés, PAP. RÉG., c'est-à-dire *papier réglé.*

Les Livres qui sont imprimés sur vélin ou parchemin, au lieu de papier, seront indiqués par ces lettres : *Imp. sur vél.* ou *sur pap.*

Dans le cas où le Livre seroit imprimé en caractères gothiques, tels que ceux dont on a usé dans les quinzième & seizième siècles, on aura soin d'en faire mention comme il suit : *Car. got.*

Si le Livre avoit été relié avec une sorte de recherche & de magnificence, il conviendroit aussi de le marquer. Si, par exemple, la reliure étoit en maroquin rouge, on écriroit *mar. r.*); si elle étoit en marroquin vert ou citron, on mettroit *mar. v. mar. c.*, &c. On abandonne ces derniers détails, sur la condition extérieure des Livres, à l'intelligence de ceux qui seront employés à ce travail.

Enfin, si le Livre est incomplet, c'est-à-dire, s'il y a des feuillets arrachés, il faut mettre ces trois lettres: *Inc.*; ou s'il manque quelques volumes, au lieu de mettre le nombre de volumes en un seul chiffre, on doit mentionner seulement les volumes qui se trouveront.

Lorsque les titres de tous les Livres auront été copiés sur des cartes, il faudra reprendre ces mêmes cartes, pour procéder à une troisième opération, c'est-à-dire, pour les ranger par ordre alphabétique d'après les noms d'Auteurs, ou d'après les noms caractéristiques de la matière, lesquels se trouveront soulignés.

On commencera par ranger sur une grande table toutes ces cartes, en autant de tas qu'il y a de lettres dans l'Alphabet. Par exemple, si le mot capital de la carte qui se présente est *Poésie*, on place cette carte au tas P.; si c'est le mot BOCHART, on met cette carte au tas B.; si le mot caractéristique, ou souligné de la carte est PLUTARQUE, on la dépose au tas P.; & ainsi de suite jusqu'à la dernière lettre de l'Alphabet.

Cette première division ne suffit pas. Il faut reprendre tous ces tas en particulier, pour ranger dans un ordre plus régulier chacun des mots qui commencent par la même lettre, & former ce qu'on appelle l'ordre alphabétique intérieur de chacune des lettres.

Il ne sera peut-être pas inutile d'avertir ici que c'est le surnom, ou le nom de famille de l'Auteur, qui doit entrer dans le système alphabétique, & nullement ses prénoms. Il est essentiel, à la vérité, de marquer les prénoms, pour distinguer les uns des autres, des Ecrivains qui ont été de la même famille, ou qui ont porté le même nom dans la Société, sans être parens : mais ces prénoms seront placés entre deux parenthèses après le nom de famille, à qui seul il appartient d'avoir rang dans l'ordre alphabétique. Si l'on avoit égard au prénom, l'article de Bochart ne seroit pas placé au B, mais à la lettre S, puisque le prénom de ce Savant est Samuël. Il faut donc écrire dans le Dictionnaire — *Bochart* (Samuël) & non Samuël *Bochart*; d'ailleurs, on peut prendre pour guide Moréri, Ladvocat, &c.; & voir comment ils ont opéré.

Lorsque le paquet des cartes appartenantes à la lettre A, sera arrangé définitivement, & de la manière ci-dessus exposée, il faudra percer, avec une grosse aiguille enfilée d'un bout de fil ciré, la première carte par le bas, à gauche du côté qui est écrit.

Pour que l'écriture ne reçoive aucune atteinte de la piqûre de l'aiguille, on aura soin de laisser en blanc la place où doit se faire cette piqûre, en prenant la précaution de la marquer avec la plume, par une ligne demi-circulaire, tracée à l'angle de la carte, comme on peut le voir plus loin sur le modèle figuré.

Le même modèle indique encore, qu'il est nécessaire que celui qui copie les titres, laisse, tant au haut qu'au bas de chaque carte, un espace vide, dont il fixera les limites par une ligne transversale, afin qu'il ne soit pas exposé à prolonger au-delà l'écriture du titre qu'il transcrit. Si la place comprise entre les deux lignes d'en haut & d'en bas ne suffisoit pas pour contenir tout le titre du Livre, il faudroit l'achever de l'autre côté. Dans ce cas, qu'il est aisé de prévoir, le Copiste choisira une carte qui soit peu chargée de peinture, telle qu'un as, un deux, &c.

Il pendra ensuite la seconde carte, il l'enfilera comme la première, & ainsi des autres jusqu'à la dernière. Il faut laisser le fil un peu lâche, pour qu'il y ait du jeu entre les cartes, & qu'on puisse les écarter les unes des autres, lorsqu'on voudra les consulter. On observera d'arrêter ce fil derrière la dernière carte du paquet, avec assez de soin, pour que les cartes ne puissent s'échapper.

Le premier paquet ainsi disposé, on passe au second, puis aux autres successivement, depuis C, D, E, F, jusqu'à Z. Tous ces paquets une fois enfilés, le Catalogue est achevé; & pour l'envoyer à Paris, il suffit de faire copier les cartes sur du papier ordinaire, écrivant au haut de chaque page, la lettre A, tant qu'elle dure, puis le B, puis le C jusqu'à la fin.

Le Catalogue copié sur papier & collationné exactement sur les cartes, restera au District, & les cartes seront envoyées à Paris dans des boîtes bien garnies de toile cirée en dedans & en dehors.

Il ne faut pas oublier, avant d'envoyer les cartes, d'ajouter en petits caractères, au bas de chacune, sur le blanc qui y aura été réservé, le numéro du Département, le signe de la collection ou maison où est le dépôt de Livres, & celui de la Section qui en aura fait l'inventaire. (*Voyez* les tableaux & les modèles ci-dessus.)

Pour les maisons des ci-devant Religieux Minimes, on écrira M ; pour les Carmes, Car. ; pour les ci-devant Chapitres, CHAP. ; pour les ci-devant Evêchés., Ev., &c. &c.

Inscription sur les cartes.

PREMIER EXEMPLE.

La carte d'un Livre de la Bibliothèque du ci-devant Chapitre de Lyon, Département de Rhône & Loire, qui est le 68e. Département, sera ainsi figurée, si le Livre est sur vélin. (On suppose ce Livre portant le fichet 49.)

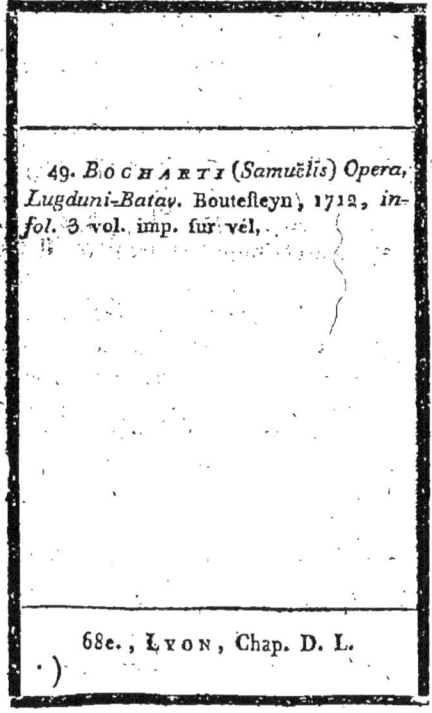

Le blanc réservé au haut de la carte doit rester vide, pour servir dans les cas où l'on désireroit faire ajouter quelques numéros ou notes.

SECOND EXEMPLE.

Pour les cartes de la Bibliothèque des ci-devant Minimes de Brienne, District de Bar-sur-Aube, Département de l'Aube, qui est le neuvième Département.

(On suppose que le premier Livre soit la Fleur de la Poésie Française.)

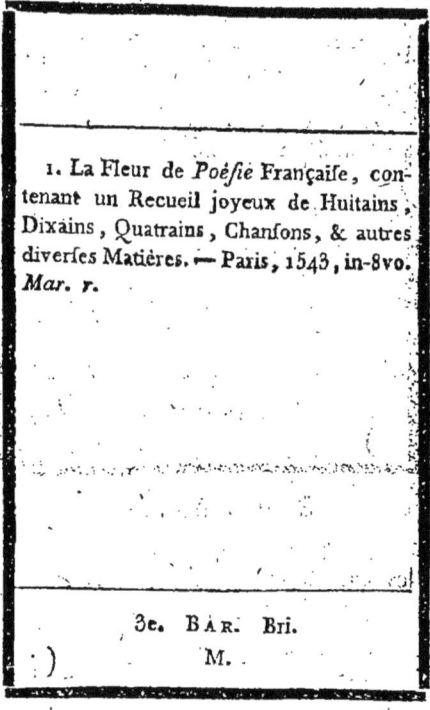

TROISIÈME EXEMPLE.

La carte d'un Livre portant le N°. 310 de la Bibliothèque des ci-devant Génovéfains d'Ennemont, Commune de St. Léger, District de St. Germain-en-Laye, Département de Seine & Oise, qui est le 72e. Département, se trouvera conforme au modèle suivant, si le Livre est avec figures, en grand papier, & couvert de maroquin vert.

310. Les *Métamorphoses* d'Ovide, en latin & en françois, avec des Remarques & des Explications historiques, par Antoine BANIER, & des figures gravées en taille-douce, par Bernard PICARD, & autres habiles Maîtres. — Amsterdam. Wetsein, 1732, 2 tom. en 1 vol. *in-fol.* de grande forme. *Mar. v.*

POÉSIE.

72e. ST. GERMAIN. St. Lég. Gen.

Ecriteaux centenaires.

Il est encore une autre opération, que ceux qui seront commis par les Directoires à la confection des Catalogues des Bibliothèques, feront bien de mettre en usage, sur-tout si elles sont un peu nombreuses. On leur conseille d'attacher sur les tablettes des Livres, de centaine en centaine, des étiquettes qui porteront, en gros caractères, les nombres 100, 200, 300, indicatifs des numéros des Livres, renfermés dans cette même tablette. Ces écriteaux peuvent être faits sur des cartes qu'on fixe au bord de la tablette avec une petite pointe, ou même sur une bande de papier, qu'on y arrête avec du pain à cacheter. Ils sont très-commodes pour faire trouver sur le champ le Livre dont on a besoin. Par exemple, je veux avoir les Fables de la Fontaine, marquées sur la carte 9451; pour les trouver, il faut que je cherche le Livre dont le fichet porte le même numéro. Cette recherche exigeroit de moi un certain tems; je serois obligé de suivre, en tâtonnant, la série numérique des fichets, jusqu'à ce que je fusse arrivé au Livre que

(12)

je défire me procurer; au-lieu que par le fecours des écriteaux centenaires, l'œil me conduit tout-à-coup vers 9000; d'où je paffe auffi-tôt à 9400; je fuis affuré que je trouverai les Fables de la Fontaine, où le Livre garni du fichet 9451 après 9400 & avant 9500; je cherche entre ces deux nombres; & comme 451 tient le milieu entre 400 & 500, je m'arrête vers ce milieu, & je mets fans peine la main fur le Livre dont j'ai befoin. Ce moyen eft, comme il eft aifé de le concevoir, très-expéditif, & en même-tems il fait voir que la méthode propofée dans cette Inftruction peut être employée avec fuccès pour le fervice d'une grande Bibliothèque, où régneroit le plus grand défordre, c'eft-à-dire, où les Livres fur une même matière feroient difperfés confufément, les uns d'un côté, les autres d'un autre. C'eft pourquoi on a recommandé aux perfonnes qui feront chargées de dreffer les Catalogues, de fe difpenfer de réformer le défordre qu'elles pourroient remarquer dans les Bibliothèques où elles feroient appellées, & d'y laiffer chaque Livre à la place où elles le trouveroient. Le feul arrangement dont elles doivent s'occuper, eft de rapprocher, les uns des autres, les volumes d'un même Ouvrage qui feroient épars dans la Bibliothèque.

Manufcrits.

Quant aux Manufcrits, ou Livres écrits à la main, on en placera le Catalogue à la fuite de celui des Livres imprimés. Il feroit fans doute à défirer qu'il fe trouvât fur les lieux des perfonnes en état de déterminer le fiècle où chaque Manufcrit a paru; mais comme il eft rare d'en rencontrer qui aient cette connoiffance, il fuffira d'indiquer fi l'écriture du Manufcrit eft ancienne ou moderne; fi elle eft nette & régulière; ou fi les caractères en font difformes & difficiles à lire; s'il eft fur vélin ou fur papier; fi c'eft un grand ou petit in-folio; un grand ou petit in-4°., &c.; quelle eft la matière qui y eft traitée; s'il eft écrit en grec ou en latin, en françois ou en italien, &c. Si chaque page contient une, deux, ou plufieurs colonnes d'écriture; & fi chaque ligne eft appuyée fur une barre tirée au ftylet. (*) Si le nom de l'Auteur

---

(*) Pour mettre la Commiffion des Arts en état de juger le fiècle des anciens Manufcrits, l'on pourroit en figurer le titre & deux ou trois lignes, foit par une exacte imitation de l'écriture, foit en les calquant.

s'y trouve, il ne faut pas l'omettre. Souvent le Copiste marque à la fin, l'année, le mois & le jour où il a terminé son travail ; on ne doit pas oublier cette circonstance : elle est précieuse, puisqu'elle fait connoître sans équivoque, l'âge du Manuscrit.

Quelquefois un même Manuscrit renferme plusieurs Ouvrages très-disparates ; il est nécessaire de les indiquer tous sur la même carte, avec le nom de l'Auteur, si on l'y découvre. On ne doit pas non plus négliger d'avertir si le Manuscrit est orné de peintures ou de miniatures ; si elles sont belles & bien dessinées ; si le volume est bien conservé, & si les grandes lettres du commencement des Chapitres sont peintes en or & en couleur, & bien fraîches. Dans le cas où l'inscription du Manuscrit contiendroit plus de lignes qu'une carte ne peut en renfermer, on pourroit substituer aux cartes des quarrés en fort papier, d'une grandeur suffisante, qui seroient enfilés de la même manière & dans le même ordre que les cartes, avec elles, ou séparément ; si tous les Manuscrits exigeoient qu'on employât ces quarrés de papier.

Il est presqu'inutile d'observer, tant pour les Imprimés que pour les Manuscrits, que s'il ne se trouve point assez de cartes à jouer dans le lieu où l'on fera ce travail, on pourra y suppléer par des morceaux de papier fort trillés, de la même manière ; mais les cartes sont préférables.

Livres & Manuscrits en patois.

Il existe parmi les Peuples modernes des restes vivans de l'antiquité ; on les trouve sur-tout dans le costume & dans le langage des habitans de certaines contrées ; mais les progrès de la Civilisation & des Arts les atténuent chaque jour ; de sorte que c'est en général dans les pays peu fréquentés, & parmi les hommes simples & livrés uniquement au travail de l'Agriculture ou au soin des troupeaux, qu'il faut en chercher des traces. Là des nuances différentes se montrent à l'observateur ; tantôt la langue du Peuple n'y offre qu'une sorte de dialecte de l'idiôme national, plus ou moins altéré dans la connoissance des mots, ou dans la construction des phrases ; tantôt elle porte les caractères d'un idiôme étranger, auquel se joignent quelques mots de l'idiôme national, avec des racines que des langues anciennes ou des langues propres à des Nations très-éloignées de nous ont fournies. Dans tous ces cas, la connoissance des révolutions des Peuples doit jetter un grand jour sur les causes de ces altérations & de ces mélanges divers ; & l'examen réfléchi des lieux où se trouvent ces débris des usages antiques, peut nous éclairer beaucoup sur la route tenue par ceux qui nous les ont transmis. Aujourd'hui que nos Législateurs ont résolu de substituer la langue nationale aux différens dialectes ou patois de quelques-uns de nos Départemens, & que l'uniformité de notre éducation nationale va faire disparoître ces contrastes ; aujourd'hui que l'Unité & l'Egalité doivent être de toutes parts les vrais régulateurs de notre République, il importe de recueillir tout ce qui concerne ces idiômes, & de le consigner dans nos fastes, pour le faire servir à l'histoire de ces hommes courageux, de ces compagnons de notre gloire qui ont joint leurs efforts aux nôtres dans la conquête de la Liberté.

Les Commissaires des Districts conserveront tous les Dictionnaires, Syntaxes, & autres Livres écrits en patois, & ils réuniront, autant qu'il leur sera possible, les productions auxquelles sont attachés les plus anciens souvenirs, tels que les Chansons, les Cantiques, les Contes, les Fables, Fabliaux & Proverbes, les plus répandus sur les diverses parties de notre territoire, dont les habitans parlent un idiôme qui leur est propre.

S'il y a quelqu'un de ces idiômes dont le Vocabulaire & la Syntaxe n'aient point été recueillis, les Citoyens instruits qui habitent les Départemens où ils sont en usage, sont invités à s'occuper au plutôt de ce travail, & à faire parvenir incessamment au Comité d'Instruction publique, ce tribut d'un zèle éclairé, qui porte avec lui sa récompense.

Livres écrits dans les langues orientales.

L'étude des langues orientales étant nécessaire pour entretenir nos relations commerciales & politiques avec les Peuples de l'Afrique & de l'Asie, les Livres écrits dans ces langues nous ont paru mériter une attention particulière.

Les Grammaires & les Dictionnaires Arabes, Turcs, Persans, Malais, & Calmouks, & en général tous les Livres orientaux, étant d'une rareté & d'une cherté excessive, on se gardera bien de laisser distraire ou vendre aucun de ceux sur lesquels la Nation a des droits. S'il reste quelques doutes sur leur nature, il suffira d'envoyer au Comité d'Instruction publique le calque même du frontispice oriental : car il y a plusieurs éditions arabes de l'Imprimerie de Médicis, dont le titre n'est point traduit en latin.

Les Manuscrits Arabes sont encore plus précieux que les Livres. Il faudra les lier fortement ensemble, après les avoir bien battus, & les conserver avec le plus grand soin.

On trouvera ces Ouvrages en général, dans les Bibliothèques des ci-devant Religieux missionnaires. Les Oratoriens en possédoient aussi plusieurs. On fera les recherches les plus exactes dans les Bibliothèques formées ou augmentées de celles des Jésuites, qui, sous le vain prétexte de propager la foi, n'étoient vraiment occupés que du soin d'acquérir, dans le Levant, une fortune immense. Plusieurs des villes maritimes de la République offriront encore des richesses littéraires dans ce genre. C'est ainsi qu'on a découvert à Bordeaux un nouveau Dictionnaire Arabe, qui sera d'un grand secours pour l'étude de cette langue.

Nous ajouterons que la plupart des Catalogues déjà faits pour cette partie de la Littérature, étant l'ouvrage d'hommes peu versés dans la connoissance des langues orientales, on doit recommencer ce travail avec toutes les précautions que son importance exige.

La Commission temporaire des Arts, adjointe au Comité d'Instruction publique, recommande en général à tous les Commissaires des Districts, de mettre à part tous les Livres imprimés ou manuscrits, anciens ou modernes, quels qu'ils soient, dont ils ne connoîtront point les caractères; ils empêcheront qu'on ne les mette en vente, & ils les conserveront avec le plus grand soin. Ces Feuilles ou Livres seront communiqués à des Citoyens versés dans l'étude des langues pour en faire un rapport.

Conservation.

Les Livres & les Manuscrits ont également besoin qu'on les préserve de l'humidité. Les tablettes sur lesquelles on les déposera, doivent être au moins à un pied de distance du mur & du plancher. On ménagera des intervalles suffisans pour que l'air puisse circuler librement entre eux. On ne négligera aucun des moyens connus contre les animaux rongeurs, tels que les rats & les souris. On enlevera la poussière qui favorise le développement des insectes. Les Livres que l'on saura être attaqués par ces animaux, seront battus avec tout le ménagement possible. Ils seront mis à l'air, & exposés à la vapeur du soufre, suivant les procédés que nous avons indiqués plus haut.

Rouleaux ou cylindres.

Les tableaux qui ont une grande étendue, tels que ceux

dont on se sert pour développer les époques de l'histoire où le systême des connoissances humaines, &c. &c., seront roulés sur des cylindres & conservés de cette manière.

Tablettes enduites de cire.

On trouve quelquefois dans les anciennes Bibliothèques des tablettes enduites de cire, sur lesquelles on a tracé des caractères avec une pointe. S'il s'en rencontroit qui fussent du tems des Romains, ce seroit une découverte bien précieuse. Toutes celles que nous connoissons, ne remontent point au-delà des premières années du quatorzième siècle. Ces tablettes doivent être traitées avec beaucoup de ménagement. Outre que le tems les dégrade, les insectes les attaquent. Pour les préserver de tout accident, on les placera dans des boîtes de bois ou de carton, que l'on visitera souvent, & où mettra dans chacune de ces boîtes, du camphre ou quelques-unes des autres substances dont on se sert pour éloigner les insectes destructeurs.

Livres indiens composés de feuilles de palmier.

Quelques Bibliothèques possèdent aussi des Livres indiens, composés de plusieurs lames de feuilles de palmier, sur lesquelles les caractères sont gravés avec un instrument aigu, ou écrits avec une liqueur. Ces lames, taillées de manière que l'une ne dépasse point l'autre, sont ordinairement traversées par un fil ou cordonnet, qui leur sert d'attache, & qui les retient ensemble. Il arrive quelquefois que, par la négligence des gardes, ou par toute autre cause, ces Livres se trouvent incomplets; que leurs lames ou feuilles sont dispersées, confondues ou même mutilées: dans ce cas, il faut recueillir, avec la plus scrupuleuse exactitude, tous ces débris, & les rassembler dans des étuis. Ce sera ensuite aux personnes versées dans l'étude des langues orientales & indiennes, & qui seront choisies pour ce genre de travail, à débrouiller ce cahos.

En général, on doit rechercher avec empressement tout ce qui peut servir à nous faire connoître l'Histoire, les Mœurs, les Arts, les Sciences & la Géographie des diverses Contrées de l'Inde, & à établir des rapports avec les Peuples de l'Asie. Ces relations littéraires, trop négligées jusqu'à présent, tiennent de près à celle du commerce avec ces Peuples, auquel il est de l'intérêt de la République d'accorder des encouragemens & de donner tout son appui.

NOTE ADDITIONNELLE,

Par DE LA SERNA, *Sous-Bibliothécaire à Bruxelles.*

LES personnes préposées aux grandes Bibliothèques, & qui se sont trouvées dans le cas d'en rédiger les Catalogues avec soin, ont toujours eu recours à l'usage des cartes, comme le moyen le plus aisé, le plus expéditif, & en même-tems le moins sujet à faire naître des erreurs & des omissions.

Celui qu'on a proposé dans l'Instruction qui précède, semble n'avoir d'autre but que de nous indiquer la manière la plus prompte de faire, avec facilité, le Catalogue de telle Bibliothèque que ce soit, & dans tel désordre qu'elle puisse se trouver, en suivant l'ordre alphabétique du nom des Auteurs: & l'on croiroit au premier abord que cette méthode ne pourroit servir qu'à cet usage. Mais il est aisé de démontrer que l'emploi des cartes à jouer est également propre à la confection des Catalogues systématiques ou par ordre de matières; c'est ce que je me propose de faire voir, par le moyen de quelques petits changemens à faire dans le contenu des cartes.

Pour cet effet on divisera la tête de la carte en trois parties ou portions, qui formeront un petit carré de chaque côté, & un quadrangle au milieu. Dans le petit carré à gauche, on placera le numéro de la carte; dans celui à droite, la lettre initiale de l'Auteur; & dans le quadrangle du milieu, la classe à laquelle l'Ouvrage doit être rapporté. *Voyez* les deux modèles ci-après.

Au moyen de cette disposition, il sera très-facile de ranger les Livres d'une Bibliothèque dans leur classe respective, mettant en un tas toutes les cartes portant en tête le mot THÉOLOGIE, en un autre celles portant le mot JURISPRUDENCE, & ainsi de même pour les autres classes, comme SCIENCES & ARTS, BELLES-LETTRES, &c.

B

On rendra cette méthode encore plus aisée, en écrivant au-dessous des mots qui désignent les classes, les sections ou subdivisions principales de chaque classe; si par exemple le Livre appartenoit à la Liturgie, on écrira au-dessous du mot THÉOLOGIE, *Liturgie*, qu'on aura soin de souligner, pour en faire la distinction; si l'Ouvrage traite des Conciles, on écrira *Conciles* : si c'est une controverse de Religion, on mettra le mot *Polémique*, & ainsi pour toute la classe de THÉOLOGIE : on fera la même chose pour les autres classes. En conséquence, s'il s'agissoit de noter sur des cartes la Liturgie de *Pamélius*, & l'Homère de *Clarke*, on les arrangeroit de la manière suivante:

19	THÉOLOGIE. *Liturgie.*	P.

Liturgia Latinorum PAMELII (Jac.) *duobus tomis digesta. Coloniæ Agrippinæ. Calenius*, 1571, 2 vol. petit in-4to. v.

Biblioth. de Gembloux.

(19)

| 300 | BELLES-LETTRES.
Poésie. | H. |

Homeri opera, græcè & latinè, ex recensione & cum annotationibus Samuelis Clarke. Londini, Knapton. 1729-1740. 4 vol. in-4to. m. r.

Biblioth. de Gembloux.

Cet arrangement donnera lieu à une seconde opération. On prendra pour cet effet toutes les cartes d'une classe, par exemple celles portant en tête le mot Théologie, qu'on rangera en autant de tas qu'il y aura de sections ou subdivisions écrites sous ledit mot Théologie; & par ce moyen simple, on aura tout d'un coup les sections principales de chaque classe; ce qui facilitera infiniment le travail de ceux qui seront chargés de la confection des Catalogues des Bibliothèques, de quelque manière qu'on se propose de les faire.

En effet, si l'on juge à propos de faire arranger un Catalogue par ordre de matières, ce qui est très essentiel pour une grande Bibliothèque, l'on n'aura besoin que de jetter les yeux sur le mot de la classe, placé au haut de chaque carte, pour les distribuer en autant de tas qu'il y aura de classes; cette opération achevée, on passe à la seconde, en divisant de nouveau ces tas en autant de portions qu'il y aura de sections ou subdivisions écrites sous le mot de la classe; & par ce moyen on aura toutes les sections principales du Catalogue préparées & arrangées systématiquement, moyennant quoi il ne restera presque plus rien d'autre à faire, qu'à copier avec soin les cartes sur des cahiers de papier.

Si, au-lieu d'un Catalogue systématique, on préféroit l'ordre alphabétique des Auteurs, l'on suivra la méthode proposée dans l'Instruction, & l'on divisera les cartes par tas, d'après la lettre initiale placée dans le carré à droite au haut de la carte; mais pour pouvoir opérer dans cette partie avec toute l'exactitude requise, je crois devoir ajouter une observation, qui me paroît très-essentielle pour la confection des Catalogues rangés alphabétiquement, selon l'ordre des noms des Auteurs.

Il y a des Ouvrages qui sont composés par deux Auteurs différens. Il y en a dont la partie essentielle appartient à un seul, les notes ou la traduction à quelque autre savant, & les figures à quelque Artiste célèbre : il est donc très-essentiel que les noms de ces personnes se trouvent aussi placés dans le Catalogue alphabétique dans leur lieu respectif; mais cela doit se faire uniquement par forme de renvoi, pour éviter, autant que possible, les doubles emplois ; par exemple, dans les Métamorphoses d'Ovide, traduites par l'Abbé Banier, avec les figures de Picart, on trouve les noms de trois personnes ; savoir, *Ovide*, Auteur principal, l'Abbé *Banier*, Traducteur & Commentateur, & Bernard *Picart*, Artiste célèbre ; si l'on veut donc que le Catalogue aphabétique soit fait avec exactitude, il faut que ces noms soient placés dans le lieu correspondant de l'Alphabet, de manière qu'au mot OVIDE, Auteur principal, on puisse trouver le titre de l'Ouvrage en entier, comme il se trouve transcrit sur la carte, & aux mots BANIER & PICART, on marquera un renvoi au mot OVIDE.

Or, pour faciliter le moyen de placer ces mots dans le lieu respectif de l'Alphabet, & afin d'éviter, autant que possible, les erreurs ou les omissions dans un point aussi essentiel, je crois qu'il conviendroit de marquer les lettres initiales de tous ces noms dans le carré à droite au haut de la carte, selon l'ordre de l'Alphabet, en observant de souligner celle du nom de l'Auteur principal, afin que quand on viendra à ce nom, le titre de l'Ouvrage soit transcrit en entier. On éclaircira ceci par l'exemple suivant.

350	BELLES-LETTRES. *Poésie.*	B. O. P.

Les Métamorphoses d'Ovide en latin, traduites en françois, avec des Remarques & des Explications historiques par l'Abbé Banier : ouvrage enrichi de figures, gravées par Bernard Picart. Amsterdam, Wetstein, 1732, in-fol. *m. r. G. P.*

Biblioth. de Gembloux.

Cette carte, ainsi disposée, on la placera sous la lettre B, qui est la première initiale, qu'on voit dans le carré à droite de la carte. Quand, dans la confection du Catalogue, on sera parvenu au mot *Banier*, représenté par cette carte, on verra d'abord que la lettre initiale B, placée dans le carré à droite, n'est point soulignée; ce qui marque que le titre du Livre ne doit pas être copié sous le nom de *Banier*, & que par conséquent, cette carte n'est placée ici que pour faire un renvoi; j'écris donc dans le Catalogue :

BANIER (l'Abbé Antoine) Métamorphoses d'Ovide. *Vide* OVIDE. Cette opération faite, je prends la carte, que je place à la lettre O, seconde initiale marquée dans le carré au haut de la carte : étant arrivé ensuite au mot *Ovide*, représenté par cette carte, je m'apperçois que l'initiale O du carré se trouve soulignée, & j'apprends que c'est ici au mot *Ovide*, Auteur principal, que le titre écrit sur cette carte doit être transcrit en entier; par conséquent j'écris au Catalogue :

OVIDE, (les Métamorphoses d') en latin, traduites

en françois, avec des Remarques & des Explications historiques, par l'Abbé BANIER : Ouvrage enrichi de figures gravées par Bernard PICART. Amsterdam, Wetstein, 1732, in-fol. *m. r. g. p.*

Je prends ensuite la carte, & je la place à la lettre P, troisième & dernière initiale marquée dans le carré au haut de la carte; & étant parvenu au mot *Picart*, désigné par cette carte, la lettre initiale P n'étant pas soulignée, me marque qu'il ne s'agit ici que d'un renvoi, & par conséquent j'écris au Catalogue alphabétique :

PICART, (Bernard) figures gravées pour les Métamorphoses d'Ovide. *Vide* OVIDE.

Au moyen de quoi j'ai fini les opérations de cette carte, que je replace ensuite à la lettre O.

Cette méthode devient encore plus nécessaire pour les volumes où se trouvent reliés ensemble deux, trois, quatre & cinq Ouvrages, souvent très-disparates, de divers Auteurs : par exemple,

14	THÉOLOGIE. *Liturgie.*	D. G. L.
	Guil. de GOUDA *expositio mysteriorum Missæ. Coloniæ,* 1502. — *Guil.* LEPOREI *Ars Memorativa. Parisiis,* 1506. — *Augustini* DATI *Elegantiæ,* 1530. Le tout relié en un vol. in-4to.	
	Biblioth. de Gembloux.	

(23)

Dans ce cas, il faudra placer dans le Catalogue alphabétique tous les titres comme ils se trouvent dans le volume, & ici dans la carte au mot *Gouda*, qui est le premier dans le titre, & dont on aura soin de souligner la lettre initiale dans le carré au haut de la carte; le reste se fera comme ci-devant, c'est-à-dire, par renvoi au mot *Gouda*.

www.ingramcontent.com/pod-product-compliance
Lightning Source LLC
Chambersburg PA
CBHW060912050426
42453CB00010B/1676